大麦粉レシピ集

Recipes for Breads and Snacks using Barley Flour

NPO法人　食べられることで救える食べもの研究会（食救研）
（NPO for Food Research Workshop）

NPO法人　麦類特許性実用化研究会（麦特研）
（NPO for Patentability-based Practical Application of Wheat & Barley）

本誌の無断転載・複製・放送を禁じます

巻頭言

　この度このレシピ集を発刊するにあたり、大変多くの皆様にご協力をいただきました。本来であればお一人お一人にお伺いしてお礼を述べるべきとは存じますがこの巻頭言で何よりも先に感謝の言葉を申し述べたく存じます。本当にありがとうございました。

　さて、昨今の健康ブームや健康食ブームの中で、大麦の持つ力というものが見直され、今では多くの方々に興味を持って見ていただけるようになりましたことは、誠に喜ばしく感じております。と申しますのは、私共が大麦の持つ食品としての価値に着目し、その有効性を広く世間に知らしめていく活動を始めたきっかけは、故林佑吉氏が大麦を生きた状態で製粉する方法を発明し、その粉をドラフト大麦粉と名付け、事業化を目指されていたことに始まります。それは、バブルが始まった昭和61年にまで遡ることになります。

　当時は、大麦の話をしますと「貧乏人は麦を食え」という言葉を記憶している人がかなり多くいらっしゃいました。また、戦後の食糧難の時に「麦飯」を「食べさせられた」とか、毎日白いご飯の「銀シャリ」が食べられるくらいに豊かになったというように言われる方もおられました。若い人は厳しい食生活をしていたわけではないのですが、親からそのような話を聞かされて育ってきているため、やはり何となく避ける食べ物という位置づけになっていた感じがします。

　そのような状況の中でも、時々大麦は身体にいい食べ物だ、兵隊さんには麦ごはんを食べさせて体を強くしていたとか、「江戸患い」は江戸に奉公に行くと白米しか食べないので、脚気になり、里に帰って麦ごはんを食べると治ったとか、日本の海軍は毎日白いご飯が食べられると言って募集したが、多くの兵隊さんが脚気にかかり、麦ごはんに戻したとかいろいろな昔話をされる人がおられたことも事実です。

　麦ごはんは身体にいいとはわかっていても食べたくないという人が多い中、地道に研究は進められてきました。その製法や物性などの詳細は、第1部に掲載されておりますので時間のある時にお目通しいただければと思います。

　このレシピ本に掲載されていますのはごく一部になります。基本的には小麦粉に適量混ぜて使っていただくだけです。是非、色々なレシピをお楽しみ下さり、知らず知らずのうちに健康的な生活をおくられることを願ってやみません。

平成29年9月吉日
NPO法人麦類特許性実用化研究会
理事長　伊藤　充弘

目 次

はじめに　1

第1部　ドラフト大麦粉の調製法　3
　　　大麦穀粒の新加工法 —ドラフト大麦分級粉砕装置—　6
　　　大麦の新加工法 —ドラフト大麦分級法—　7
　　　ドラフト大麦粉　8
　　　大麦穀粒各部位の一般成分　9
　　　大麦粉（ドラフト大麦粉）とおばこ麦の食品特性　10

第2部　大麦粉によるレシピ　13
　　　大麦粉を利用した製品　15
　　　大麦粉入りのパンをつくるための注意事項　17
　　　おばこ麦を利用するには　19

　　　1．パン
　　　　【小麦粉・大麦粉・おばこ麦（煮たもの）】　角食パン　20
　　　　　　　　　　　　　　　　　　　　　　　　ベーグル　22

　　　　【小麦粉・大麦粉】　山食パン　23
　　　　　　　　　　　　　フランスパン　24
　　　　　　　　　　　　　プチフランスパン　26
　　　　　　　　　　　　　セザムメッシュ　28
　　　　　　　　　　　　　チーズスティックパン　30
　　　　　　　　　　　　　あんぱん　32
　　　　　　　　　　　　　黒糖ふわふわパン　33

　　　2．洋菓子
　　　　【大麦粉100%】　カリカリ棒　34
　　　　　　　　　　　黒糖クッキー（オートミール）　35
　　　　　　　　　　　シナモンクッキー　36
　　　　　　　　　　　クレープクッキー　37
　　　　　　　　　　　プレーンクッキー　38
　　　　　　　　　　　アーモンドリングクッキー　39
　　　　　　　　　　　ポルボロン　40
　　　　　　　　　　　ロールケーキ　41

【小麦粉・大麦粉】	シナモンシフォンケーキ	42
	マドレーヌ	43
	カステラ	44
	フルーツケーキ	46

3．和菓子
【小麦粉・大麦粉】	みたらし団子	47
	水無月	48
【大麦粉100％】	黒糖まんじゅう	50

4．料理
【小麦粉・大麦粉・おばこ麦（煮たもの）】	ピザ	52
	豚まん	54
【小麦粉・大麦粉】	春餅	55
	おやき	56
【大麦粉100％】	野菜ポタージュ	57
【おばこ麦（煮たもの）】	ロールキャベツ	58
	ミネストローネ	59
	ハンバーグ	60

5．大麦の効用
Ⅰ―祖母の便通が劇的に改善―	61
Ⅱ―狭心症、痛風以外に二日酔も解消―	62
Ⅲ―ルント大学で公表―	63
ドラフト大麦粉・おばこ麦のお求め	64

執筆者一覧	65
おわりに	66

はじめに

　大麦は小麦より古く約1万年前の昔から、現在のイラクのチグリス川、ユーフラテス川の三角州地域、メソポタミア文明が栄えた地域で栽培されたといわれています。この時代は大麦が小麦より早く栽培されていたのです。大麦と小麦の違いですが、大麦の方が病気にも強く、気候的にも栽培しやすかったと思われます。さらに大麦は穂先の芒（のぎ）が長く、葉の幅が広く、かつストローに使用されるので節が無く見た目には大きく見えるという僅かな差が認められるぐらいです。しかし、大麦の穀物としての評価は小麦と比べるとかなり低いのです。つまり、小麦が世界第3位の収穫量を保ち、圧倒的に多くの加工食品に利用されているのに対して、大麦は家畜の飼料としての利用が最も多く、その他はビール（麦芽の製造）、味噌、醤油、麦茶等に利用されますがその生産量は小麦の5分の1にすぎません。

　ところが、大麦には水溶性食物繊維のβ-グルカンが豊富に含まれていることが明らかになり、これが腸内環境改善、免疫機能の活発化、血糖値の上昇抑制、血中コレステロールの低下作用等を持つことが報告されると、にわかに脚光を浴びる食品素材となりました。さらに近年では、小麦が原因となるセリアック病（小麦グルテンの摂取による腸管疾患）を始めとするアレルギーの発症が無視できなくなり、小麦粉の代替として大麦粉、米粉の利用が検討されるに至っています。

　さて、大麦は粒の表皮が硬く、内部と密着しており、生の状態で加工処理することが困難です。種子が発芽する時に必要なでんぷんなどの養分を蓄えている胚乳も固く、米でんぷんのように簡単にのり状にならないことが、加工食品としての利用を妨げていた大きな要因の一つでした。

　そこで私達は「大麦実用化研究会」（主宰者・故林祐吉）の下で大麦を粉として利用することを考え、大麦を押し麦などのように加熱、加圧することなく、その粒の表面から改良型酒米用搗精（とうせい）機を用いて段階的に削り製粉し、生の大麦粉（ドラフト大麦粉）を調製する製粉精粒法を開発しました。この方法で製粉されたドラフト大麦粉を使用するための活動組織として、ＮＰＯ法人「麦類特許性実用化研究会（麦特研）（2001/5/8）」「食べられることで救える食べもの研究会（食救研）（2003/12/22）」を設立して研究活動や啓蒙活動を続けてきました。その研究成果は既に国内外の雑誌に発表していますが、近年になって大麦粉の良さが認識され始めてテレビ、インターネット等、種々の媒体を通して利用拡大が進んできました。そこで私達の研究会でも長らく開発に携わっていたドラフト大麦粉を使用しての活動の一部をレシピ集として刊行することにしました。

　本書では、第1部では大麦粉の調製法を、第2部では小麦粉、牛乳、卵等のアレルゲンを含まない大麦粉と、小麦粉に大麦粉を代替した粉の2種類を使い分けたパン、洋菓子、和菓子等のレシピを紹介します。アトピーで悩む子供さんにも美味しいクッキー、ケーキ等を家族と共に楽しんでもらえれば幸いです。大麦は我が国では現在のところ小麦アレルギーの人

でもほとんど問題なく食べられていますが、アレルギーを発症する可能性が考えられますので、特に症状が重いと思われる方は、細心の注意をされて新たな大麦製品にトライしていただきたくお願いいたします。

　なお、本書で使用した大麦粉はドラフト製粉精粒法による製品ですが、レシピ中では単に大麦粉と記載しています。現在、大麦の製粉には気流粉砕法による方法も知られておりますが、この大麦粉でも同様に使用できることを申し添えます。

執筆者代表　NPO麦類特許性実用化研究会副理事長
森田　尚文

第1部

ドラフト大麦粉の調製法

第1部

ドラフト大麦粉の調製法

　大麦は世界の穀物生産量のうち、小麦に次ぐ第4位となっています。しかし、大麦の利用法としては、ほとんどが家畜類の飼料用、二条大麦はビールの原料として利用されています。我が国ではその他に味噌、醤油、麦茶、押し麦の製造に利用されているくらいです。その原因の一つとして、大麦の外層部の硬さと内層部の軟らかさがあげられます。ここに難しさがありました。そこで私たちの研究会では、大麦を製粉する技術の確立を目指した結果、改良型酒米用搗精機を用いて段階的に削り製粉するドラフト大麦粉の調製方法を開発しました。この技術から生まれる大麦粉には、水溶性の食物繊維であるβ-グルカンが多量に含まれることにより免疫力を高め、コレステロールの低下作用、血糖値の上昇抑制作用などを持つことが知られています。これにより、大麦粉の幅広い利用が可能となりました。本書ではドラフト大麦粉の調製方法と、この方法で得られた粉によるパン、クッキー、その他の焼成品への利用についてのレシピを紹介します。

大麦穀粒の新加工法 −ドラフト大麦分級粉砕装置−
（ドラフト＝生）

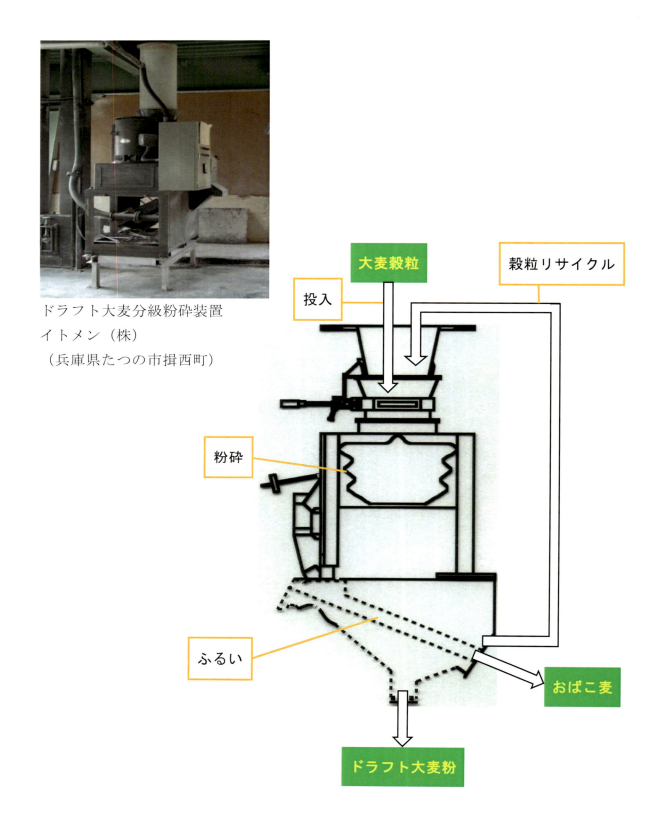

ドラフト大麦分級粉砕装置
イトメン（株）
（兵庫県たつの市揖西町）

大麦の新加工法 －ドラフト大麦分級法－

　この方法で大麦を表層から10%ずつ削って得られた大麦で、内層の30%以下の粒が「おばこ麦」として利用されています。

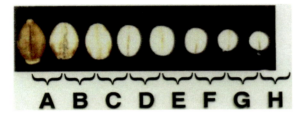

A	100%～90%
B	90%～80%
C	80%～70%
D	70%～60%
E	60%～50%
F	50%～40%
G	40%～30%
H	30%～ 0%

ドラフト大麦粉

おばこ麦

　ドラフト大麦分級法とは、無処理の生の大麦を表層部から中心部に向かって削り、大麦穀粒を層別に粉砕する方法です。製粉された粉はドラフト（生）大麦粉と呼びます。押し麦など大麦の加工に必要な熱や蒸気を加えて処理する方法とは異なります。

おばこ麦

精白米

ドラフト大麦粉

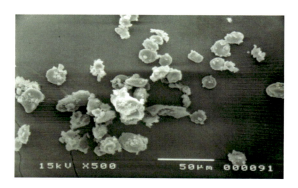

500倍

2,000倍

5,000倍

ドラフト大麦分級法で粉砕した
ドラフト大麦粉の電子顕微鏡写真

大麦デンプンの粒子の大きさまで粉砕
（大粒子：15〜30μm、中粒子：5〜15μm、小粒子：1〜5μm）

大麦穀粒各部位の一般成分

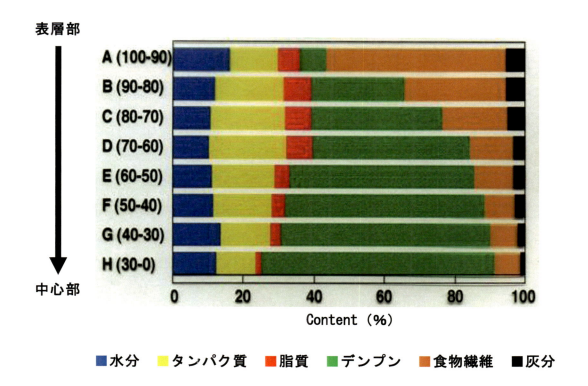

各部位で主成分が異なる
　表層部；食物繊維
　中間層；デンプン・タンパク質
　中心部；デンプン

大麦粉(ドラフト大麦粉)とおばこ麦の食品特性

本書で使用した大麦粉とおばこ麦の食品特性を紹介いたします。

大麦粉は改良型酒米用搗精機で大麦穀粒の表皮層20％を除いた精麦粒を表層部から段階的に製粉して、穀粒の中心部30％を残した分級粉(穀粒の80〜30％部分の粉)です。おばこ麦は残った中心部の30％の部位の製品です。

◆一般栄養成分

この2種類の製品と精白米と小麦粉(中力粉)の一般成分を表1に示します。

表1　大麦粉、おばこ麦および他穀類の一般栄養成分(g/100g)

	水分	タンパク質	脂質	炭水化物(食物繊維)	灰分	エネルギー
大麦粉	13.3	11.2	3.2	70.2(11.4)	2.1	354
おばこ麦	13.5	10.2	1.9	73.4(8.0)	1.0	352
精白米	14.9	6.1	0.9	77.6(0.5)	0.4	358
小麦粉(中力粉)	14.9	9.0	1.6	75.1(2.8)	0.4	357

(精白米と小麦粉の数値は「日本食品標準成分表2015年版(七訂)」より。以下の表も同じ)

大麦粉は精白米、小麦粉に比べ、タンパク質が精白米の2倍、小麦粉の1.2倍と多い。脂質も精白米の3倍、小麦粉の2倍と多い。また灰分(ミネラル相当)も精白米、小麦粉の2.5〜5倍と多く、特に食物繊維は精白米の23倍、小麦粉の4倍と多い。これに対して炭水化物の中の糖質(炭水化物－食物繊維)は精白米、小麦粉に比べて約20％少ない。またおばこ麦についても同じ傾向が認められています。

これらの結果から、大麦粉とおばこ麦は精白米、小麦粉に比べて各栄養素をバランスよく含んでいて、エネルギーはほぼ同じであるということがわかります。これは、2種類の主食的役割をしている食材の精白米、小麦粉に比べて大麦粉とおばこ麦は優れた食品素材であることを示しています。

◆食物繊維

　上述のように大麦粉の食物繊維含量は精白米、小麦粉に比べて23倍、4倍と多い。同じくおばこ麦も16倍、3倍と多い。さらにその中で水溶性食物繊維は、表2に示す通り精白米には含まれておらず、また小麦粉に対しても大麦粉は6倍、おばこ麦は5倍と多い。

表2　大麦粉、おばこ麦および他穀類の食物繊維の含量（g/100g）

	水溶性	不溶性	総量
大麦粉	7.3	4.1	11.4
おばこ麦	6.1	1.9	8.0
精白米	0.0	0.5	0.5
小麦粉	1.2	1.6	2.8

　大麦に含まれている水溶性食物繊維の主成分は、精白米、小麦粉には含まれていないβ-グルカンです。このβ-グルカンには、内臓脂肪の蓄積抑制、血中コレステロールの低減、血糖値の上昇抑制、さらに腸内環境の改善効果があることが科学的に証明されています。

◆ミネラル

　上述のようにミネラルに相当する灰分も、2種類の大麦製品は精白米、小麦粉に比べて2.5～5倍多い。灰分のそれぞれの構成ミネラル含量は表3に示しています。

表3　大麦粉、おばこ麦および他穀類の各種ミネラルの含量（mg/100g）

	ナトリウム	カリウム	カルシウム	リン	鉄	銅	マグネシウム
大麦粉	2.4	215.0	27.3	136.3	1.7	0.32	46.3
おばこ麦	1.8	170.5	18.5	126.2	1.2	0.37	25.3
精白米	1.0	89.0	5.0	95.0	0.8	0.22	23.0
小麦粉	1.0	100.0	17.0	64.0	0.5	0.11	18.0

　表3より、各ミネラルはすべて精白米、小麦粉より多いことがわかります。特に大麦粉、おばこ麦のカルシウムは精白米の5.5倍、3.7倍と多く、また小麦粉の1.6倍、1.1倍と多く含んでいます。

◆ビタミン

　ビタミン含量は表4に示すように、大麦粉、おばこ麦ともに精白米、小麦粉と比較してビタミンB1およびB2はやや多く、その他のB群やEは同じ程度含んでいます。

表4　大麦粉、おばこ麦および他穀類のビタミンの含量(mg/100g)

	B_1	B2	B6	パントテン酸	E
大麦粉	0.31	0.09	0.15	0.52	0.30
おばこ麦	0.12	0.05	0.19	0.71	0.10
精白米	0.08	0.02	0.12	0.66	0.10
小麦粉	0.10	0.03	0.05	0.47	0.50

◆まとめ

　大麦粉、おばこ麦はともに主食として食べられている精白米、小麦粉に比べて、一般栄養成分をバランスよく、豊富に含んでいます。特に水溶性食物繊維は、他の食品にはほとんど含まれていない機能性のβ-グルカンを豊富に含んでいます。また、カリウム、カルシウム、鉄、ビタミンB群、E等の有用な微量栄養素も豊富に含んでいます。

　以上の結果、大麦粉やおばこ麦を毎日食べることにより糖尿病予防、高脂血症予防、腸内環境改善に伴う便秘改善、大腸ガン予防、さらに肥満防止などの効果が期待できます。

第2部

大麦粉によるレシピ

大麦粉によるレシピ

大麦粉を利用した製品

  大麦粉入りのパンをつくるための注意事項……………………………………… 17
  おばこ麦を利用するには……………………………………………………………… 19

１．パ　ン

  【小麦粉・大麦粉・おばこ麦（煮たもの）】
   角食パン………………………… 20   ベーグル…………………………22

  【小麦粉・大麦粉】
   山食パン………………………… 23   チーズスティックパン……………30
   フランスパン…………………… 24   あんぱん…………………………32
   プチフランスパン……………… 26   黒糖ふわふわパン………………33
   セザムメッシュ………………… 28

２．洋菓子

  【大麦粉100％】
   カリカリ棒……………………… 34   プレーンクッキー………………38
   黒糖クッキー（オートミール）… 35   アーモンドリングクッキー……39
   シナモンクッキー……………… 36   ポルボロン………………………40
   クレープクッキー……………… 37   ロールケーキ……………………41

  【小麦粉・大麦粉】
   シナモンシフォンケーキ……… 42   カステラ…………………………44
   マドレーヌ……………………… 43   フルーツケーキ…………………46

３．和菓子

  【小麦粉・大麦粉】
   みたらし団子…………………… 47   水無月 …………………………48

  【大麦粉100％】
   黒糖まんじゅう………………… 50

4．料　理

【小麦粉・大麦粉・おばこ麦（煮たもの）】
ピザ……………………………… 52　　豚まん ……………………………………54

【小麦粉・大麦粉】
春餅……………………………… 55　　おやき ……………………………………56

【大麦粉100％】
野菜ポタージュ………………… 57

【おばこ麦（煮たもの）】
ロールキャベツ………………… 58　　ミネストローネ……………………………59
ハンバーグ……………………… 60

大麦粉入りのパンをつくるための注意事項

① 大麦粉と小麦粉の違い
　大麦粉は小麦粉と比べ水に対する吸水力が大きいために、大麦粉を捏ねるには多量の水を必要とします。これは大麦粉には多量の食物繊維を含むためです。さらに大麦の粉に含まれる澱粉には糊化しやすい大きな澱粉粒を多量に含むという特徴があります

② 大麦粉を捏ねる
　ボールに大麦粉を入れ、粉と同量の水を少しずつ加え、粉全体に吸水させるように混ぜ、一塊にする（大麦粉は吸水するのに小麦粉に比べ時間がかかります）
　次に、この塊をラップに包み、捏ねる（ラップを使うのは大麦粉は糊化しやすく、ベタベタと手にくっつき、作業性が悪いためです）

大麦粉に水を加える　　　　一塊にする　　　　ラップに包みながら捏ねるとベタベタと手につかない

③ イーストは家庭用の製パンに利用されているドライイーストを使用しています
　イースト（冷凍保存）は作業開始30分くらい前に解凍し室温に戻した後、必要量を量ります
　次に小さな容器にイーストを入れ、30ccの水を少量ずつ加え膨潤させます

④ 生地を作る
　小麦粉に、砂糖、塩を加え、軽く混ぜた後、膨潤したイーストを加えて混ぜる
　次に、仕込み水を加えながら練り混ぜ、なめらかな生地を作る
　②で練った大麦粉の生地を3個に分けて小麦粉の生地に順次加え、捏ねる
　次に、バター（やわらかくしたもの）を加えて、つるんとした生地（生地を薄く伸ばして透けて見えるぐらい）になるように捏ねる
　生地温度をはかる
　理想の捏ね上げ温度（28～30℃）になっているかを確認します

⑤　一次発酵
　薄くサラダオイルを塗ったボールに生地を入れ、ラップをかけて暖かいところにおく
（温度30℃　湿度75の環境を作る）一次発酵させる　40分程度
冬は大きなボールに30℃のお湯を入れ、生地を入れたボールを浮かせラップをかけて発酵させる
捏ね上げ生地温度が理想より低い場合は発酵時間を延ばし、高い場合には発酵時間を少し減らす

⑥　発酵のチェック
　生地が2倍くらいにふくれてきたら指に粉をつけ生地の中心にさして、指の形が残れば発酵終了です（フィンガーテスト）

⑦　ガス抜き
　軽く手で押さえガス抜きする

⑧　分割、成型・ベンチタイム
　キャンバスシートに生地を移し分割して丸め、生地が乾燥しないようにキャンバスシートを折りたたみかぶせる　固く絞った濡れ布巾をかけておく　ベンチタイム　20分

⑨　成型
　それぞれのレシピを参照
　成型した生地はオーブンシートを敷いた天板に並べ、生地が乾燥しないようにラップをかける

⑩　仕上げ発酵
　一次発酵と同じように暖かいところで生地が乾燥しないようにラップをかける
　温度40℃　湿度80％の環境を作る

⑪　焼成
　焼成時間、温度はオーブンの状態を見ながら焼成する

※　レシピ、オーブン（家庭用）について
　このレシピは、家庭用オーブン（スチーム機能なし）向けに開発したもので、業務用オーブンには適しません（ご留意ください）
　また、温度や時間については作品の出来上がりを目指しているものに近づけるように常に経過観察をしながら調整が必要です
　レシピに記載の温度、時間は一つの目安として捉え最適な条件を見いだすための手がかりとしていただきたいと思います
　家庭用オーブンはメーカー要領及び作品の大きさや量によって表示と作品（オーブンの中）の経過観察と調整は欠かさないようにしてください

おばこ麦を利用するには

おばこ麦は2倍量の水でごはんを炊くように蒸煮する
蒸煮したおばこ麦は水気をきって、ラップを敷いたバットに広げ、上からラップをかけて、1時間程度冷凍する少し凍りかけた時にパラパラにする
パラパラとした粒の状態にして冷凍しておくとパンやお菓子、お料理と利用するのに使いやすい

少し凍ったらビニール袋のまま
手でもみあわせる

パラパラ冷凍のおばこ麦を
保存する

1 パン －角食パン－

[材料]

強力粉	350g
大麦粉	80g
おばこ麦(煮たもの)	50g
イースト	7g
砂糖	25g
塩	7g
無塩バター	25g
仕込み水	210g
大麦粉用水	80cc
イースト用水	30cc

[作り方]
① 小さな容器に30ccの水を入れ、イーストを少量ずつ加え膨潤させる
② 大麦粉に水を加え練る
③ 強力粉、砂糖、塩をあわせてボールに入れ仕込み水を加えながら捏ねる
④ 生地がきれいになったら、②の大麦粉の生地を3回に分け小麦粉の生地に加え、都度よく捏ね、室温においたバター・おばこ麦を加えてさらに捏ねる
⑤ 薄くサラダオイルを塗ったボールに生地を丸めて入れラップをかけて暖かいところで一次発酵させフィンガーテストをする(写真※5)
⑥ 軽く生地を手で押、2個に分割して丸めるベンチタイム20分(写真※6)
⑦ 角食パンに成型する(写真※7)
⑧ 食パン型に薄くバターを塗り、成型した生地を型に入れる 生地が乾燥しないようにラップをかける(写真※8)
⑨ 仕上げ発酵する(写真※9)
⑩ 型の8分目ぐらいに生地が膨れたらふたをする 型いっぱいに膨れたらオーブンで焼成する 200℃ 35～40分

－ 角食パンの成型 －

一次発酵した生地を2個に分割 （手順5）　　丸めてベンチタイム （手順6）

とじ目を上にして生地をおき、麺棒で上下、左右に伸ばす　　　生地を折る　両側から
　　　　　　　　　　　　　　　　　　　　　　　　　　　　中心に向かって、少し
　　　　　　　　　　　　　　　（手順7）　　　　　　　　　中心で重なるように折る

くるくると巻いて薄くバターを塗った型に生地を入れる　　　仕上げ発酵する
　　　　　　　　　（手順8）　　　　　　　　　　　　　　　（手順9）

－ ベーグル －

[材料]
強力粉	250g
大麦粉	50g
イースト	6g
砂糖	15g
塩	4g
オリーブオイル	20g
黒ごま	20g
おばこ麦(煮たもの)	20g
イースト用水	30cc
大麦用水	50cc
仕込み水	130cc
卵黄(照り卵用)	1個分

[作り方]
①小さな容器に30ccの水を入れ、イーストを少量ずつ加え膨潤させる
②大麦粉をボールに入れ水50ccを加え練る
③強力粉、砂糖、塩を混ぜあわせて①のイーストを加えながら捏ねる　なめらかな生地になったら②の大麦粉を加えきれいな生地になるまで捏ねる
④オリーブオイルを加え混ぜる
⑤黒ごま、おばこ麦を加えて混ぜる
　薄くサラダオイルを塗ったボールに捏ねた生地を入れラップをかけて生地が倍量になるまで一次発酵
⑥キャンバスシートに生地をおき8等分に分割し、丸めベンチタイム10分
⑦生地を棒状にしてから、ドーナツのように成型し(写真参照)オーブンシートを敷いた天板に乗せ、そのままで仕上げ発酵を20分とる
⑧鍋に湯を沸騰させ、その中へ仕上げ発酵が終わった生地を入れ、霜降り程度に裏表を加熱してから、オーブンシートを敷いた天板の上に再度乗せ、照り卵を塗り190℃のオーブンで15～20分焼く

－山食パン－

[材料]
強力粉 ……………………………… 350g
大麦粉 ……………………………… 60g
砂糖 ………………………………… 17g
塩 …………………………………… 7g
イースト …………………………… 7g
無塩バター ………………………… 17g
仕込み水 …………………………… 190cc
大麦粉用水 ………………………… 60cc
イースト用水 ……………………… 30cc

[作り方]
生地の作り方は角食パンと同じ
仕上げ発酵の時、生地が型から1cm程度大きくなったらオーブンに入れて焼く

－ フランスパン －

[材料]
※元種
中力粉（フランスパン用粉） ………… 150g
塩 ………………………………… 3g
イースト …………………………… 1.5g
水 ………………………………… 100g

※生地
フランスパン用粉 ………………… 250g
大麦粉 …………………………… 50g
塩 ………………………………… 3g
イースト …………………………… 3g
元種 ……………………………… 100〜120g
モルト …………………………… 小さじ1/3
仕込み水 ………………………… 160cc
大麦粉用水 ……………………… 50cc

[作り方]
※元種
①ボールに強力粉と塩、イーストを入れ混ぜる
②水を少しずつ加え捏ね、一塊にする
③表面がきれいになるまで捏ねる
④捏ねあがったらポリ袋に入れ空気を抜き、しっかり封をして冷蔵庫に12～16時間入れておく（低温発酵させる）

※生地
①元種を必要量計算して3等分にして室温に戻しておく
②大麦粉に大麦粉用水を混ぜあわせる
③フランス粉、塩、イースト、モルトをビニール袋に入れ混ぜあわせる
④ボールに③の混ぜ合わせた粉と①の元種を入れ軽く混ぜ、水を加えながらしっかり捏ねる
　手にくっつかなくなり、表面がなめらかになるまで捏ねる
⑤練っておいた②の大麦粉を加え混ぜ捏ねる
⑥薄くサラダオイルを塗ったボールに生地を丸めて入れて一次発酵する
⑦キャンバスシートに生地を移し分割する　バゲットは2等分する　丸めてキャンバスに乗せ
　乾燥しないようにキャンバスシートを折り返し固く絞ったぬれ布巾をかけておく　ベンチタイム20分
⑧写真に示すように
　(1) ベンチタイムを終了した生地を伸ばす
　(2) 上から1/3折る、下から1/3折る
　(3) もう一度中心部分に織り込む、下からも折り閉じる
　(4) キャンバスシートにひだをとり挟んで仕上げ発酵、クープを入れる
　　　乾燥しないようにキャンバスシートを折り返しかぶせ仕上げ発酵する
　　　（30℃程度で生地表面が乾燥しないように保持）
⑨仕上げ発酵が終わったら、生地をオーブンシートに乗せ生地表面にナイフでクープ（切り目）を
　入れ、クープの部分に5mm角に切ったバターを2個乗せる
⑩焼成　オーブンに空の天板を入れたまま300℃に熱しておく
　発酵が終わった生地を熱い天板にオーブンシートに乗せたまますべらせるようにして乗せ、しっかり
　霧を吹きつける
　200℃に下がるまで待ち25～30分焼成する

※バゲットの成型の仕方

(1) ベンチタイムを終了した生地を伸ばす　　(2) 上から1/3折る　下から1/3折る

(3) もう一度中心部分に織り込む、下からも折り閉じる　　(4) キャンバスシートにひだをとり挟んで仕上げ発酵、クープを入れる

－ プチフランスパン －

プチパンの作り方はフランスパンバゲットの作り方と同じ
成型の仕方は12個分割にすること
バゲットを参照

※ プチパンの成型

一次発酵後生地を12個分割し丸めなおす　　　　キャンバスシートにひだをとり
　　　　　　　　　　　　　　　　　　　　　　生地を挟んで仕上げ発酵

※焼成の仕方
①オーブンを250℃に予熱する　天板も入れたまま熱する
②クープを入れた部分に5mm角に切ったバターを乗せて熱い天板にオーブンシートに
　乗せた生地をすべらせるように乗せる　霧をしっかり吹く
　200℃に下がるのを待ち、25～30分焼成する

－ セザムメッシュ －

[材料]
- 強力粉 ……………………………… 260g
- 大麦粉 ……………………………… 40g
- イースト …………………………… 6g
- 砂糖 ………………………………… 20g
- 塩 …………………………………… 6g
- 黒ごま ……………………………… 20g
- 白ごま ……………………………… 20g
- (黒、白のすりごまでもよい)
- バター ……………………………… 20g
- 仕込み水 …………………………… 160cc
- 大麦粉用水 ………………………… 40cc
- イースト用水 ……………………… 30cc

[作り方]
① 大麦粉をボールに入れ大麦用水40ccを加えて練り生地を作る
② 小さな容器に30ccの水を入れ、イーストを少量ずつ加え膨潤させる
③ 強力粉、砂糖、塩を入れて混ぜる
④ ②の膨潤したイーストを加え仕込み水を加えながら捏ねる
⑤ ①の捏ねた大麦粉を加えてなめらかになるように練る
⑥ やわらかなバターを加えて混ぜる
⑦ 薄くオイルを塗ったボールに生地を入れ一次発酵をとる
　この時、生地に温度計を差し込んで生地温度が28〜31℃であればよい
⑧ 一次発酵が終わったらキャンバスシートに生地をあけ、丸めなおしてベンチタイム20分
⑨ ベンチタイムの間にメッシュケースにやわらかいバターを刷毛で全体に塗っておく
⑩ 写真に従って成型し、生地をメッシュに入れ仕上げ発酵をする
⑪ 8分目まで膨れてきたらふたをして鍵をかけ、さらに型ぎりぎりまで膨らませて
　オーブンに入れて焼成する　200℃　30分

成型の仕方
ベンチタイムが済んだら生地をとじ目を上にキャンバスシートにおき、長方形になるように麺棒で伸ばしくるくると巻いてしっかり閉じる
生地のサイズ、幅はメッシュ型のサイズにあわせて伸ばす

ベンチタイムが終わった生地はとじ目を上にして丸い生地をおき、横は型の幅の大きさ、縦は15cm程の長方形に伸ばす
くるくる巻いていく
このとき左から閉じ始めると次は右から、左から、右からと巻き終える

巻き終わりました　とじ目は下に　　　型に生地を入れるおおよそ8分目になる
　　　　　　　　　　　　　　　　　　ふたをして鍵をかけて仕上げ発酵

－ チーズスティックパン －

[材料]
強力粉	240g
大麦粉	60g
砂糖	12g
塩	6g
エダムチーズ	60g
無塩バター	12g
イースト	6g
仕込み水	160cc
大麦粉用水	60cc

[作り方]
① 大麦粉と水をあわせて練る
② 強力粉、砂糖、塩、イーストを混ぜあわせて仕込み水を加え練る
③ 練った②に大麦粉①を加え練る
　バターを加え混ぜ練る
④ 薄くサラダオイルを塗ったボールに生地を入れ一次発酵
⑤ キャンバスシートに生地を乗せて24個に分割丸めて、ベンチタイム10分
⑥ 成型
　長さ20cmの棒状に伸ばし、天板にオーブンシートを敷き、棒状の生地を乗せ仕上げ発酵
⑦ オーブンで焼成　180℃　15分

〔成型の仕方〕

一次発酵が終わる

生地をボールから取り出して
24分割する

丸めなおす

手のひらで転がしながら
長さ20cmの棒状にする

天板にオーブンシートを敷き、
伸ばした生地を乗せ仕上げ発酵 20分

－あんぱん－

[材料]あんぱん12個分

強力粉	250g
大麦粉	50g
イースト	5g
砂糖	25g
塩	4g
卵黄	1個分
無塩バター	15g
つぶあん（40gずつ丸めておく）	480g
大麦粉用水	50cc
イースト用水	30cc
仕込み水	120cc
照り卵	適量

[作り方]
①大麦粉と同量の水をあわせて練る
②小さな容器に30ccの水を入れ、イーストを少量ずつ加え膨潤させる
③強力粉と砂糖、塩をあわせて②のイーストを加え混ぜ、卵黄を混ぜた仕込み水を加えながら生地を練る
④①の大麦粉を練ったものを2～3回に分けて③の生地と混ぜあわせる
　バターを加え混ぜる
⑤サラダオイルを薄く塗ったボールに生地を入れ一次発酵
⑥⑤の生地を12個分割　　10分ベンチタイム
⑦丸めておいたあんを包み天板に乗せる
⑧仕上げ発酵後に表面に照り卵を塗りオーブンで焼く　　180℃　15～20分

－ 黒糖ふわふわパン －

[材料]12個分
強力粉	250g
大麦粉	50g
きな粉	30g
黒糖	50g
塩	4g
イースト	6g
イースト用水	30cc
無塩バター	25g
牛乳	130cc
水	50cc
黒糖、きな粉1:1	小さじ1ずつ
卵白	適量

[作り方]
① 小さな容器に30ccの水を入れ、イーストを少量ずつ加え膨潤させる
② 強力粉、大麦粉、きな粉、黒糖、塩を混ぜあわせる
③ ①のイーストに牛乳、水を加えながら捏ねる
④ バターも加え生地がきれいになるように混ぜる
⑤ サラダオイルを薄く塗ったボールに生地を入れラップをかけて一次発酵する
⑥ キャンバスシートに生地を乗せ12個に分割、丸める　ベンチタイム10分
⑦ 丸め直して、天板に並べて仕上げ発酵をする　20～30分
　この時天板の上に丸いアルミ箔をおき、丸めた生地を乗せる
　このようにすることで、きれいな丸に焼ける
⑧ 表面に卵白を刷毛で塗り、黒糖ときな粉を混ぜあわせてから茶こしでふるう
⑨ オーブンで焼く　180℃　15分

丸いホイルにのせて黒糖ときな粉を
あわせた粉末を振りかけて焼く

2 洋菓子 －カリカリ棒－

［材料］8cm長さの棒状31〜32本
かぼちゃ ………………………… 100g
（皮を取りやわらかく煮たもの）
きび糖 …………………………… 60g
大麦粉 …………………………… 80g
オリーブオイル ………………… 15g
ベーキングパウダー …………… 5g

［作り方］
①皮を取り除きやわらかく煮たカボチャを
　ボールに入れペースト状にする
②きび糖を加え混ぜる
③大麦粉とベーキングパウダーと
　あわせてふるう
④②の中に③を加え混ぜる
⑤オリーブオイルを加える
⑥絞り口金を付けた絞り袋に⑤でできた
　生地を入れオーブンシートを敷いた
　天板に絞る
⑦オーブンで焼く　170℃　20分

※カボチャの水分によって生地の硬さ
　が少し変わるので絞りやすい硬さに
　微調整する

※絞り口金は9切の直径8〜10mm

柔らかく煮たカボチャを
ペースト状にする

砂糖を加えると
水分が出てくる

直径1cm星口金を付けた
絞り袋に生地を入れ8cmの
長さの棒状に絞る

－ 黒糖クッキー（オートミール）－

[材料]5cm丸抜型40枚
無塩バター ……………………… 150g
オートミール ……………………… 150g
大麦粉 ……………………… 130g
黒糖 ……………………… 125g

[作り方]
①やわらかな無塩バターをボールに入れ、なめらかになるようにすり混ぜる
②ふるいにかけた黒糖を加えよくすり混ぜてクリーム状にする
③大麦粉をふるいながら加え混ぜる
④オートミールも加え混ぜる
⑤一塊にする
⑥生地をラップにはさんで厚さ3mm程度に伸ばす
⑦生地を冷蔵庫で1時間休ませる
⑧好みの型で生地を抜きオーブンシートを敷いた天板に抜いた生地を乗せて、オーブンで焼く
　　170℃　15分
クッキーの裏に焼き色がつくと焼き上がり
冷まして保存する

生地を3cm程度の厚さに伸ばし丸抜き型で抜いたものをオーブンシートを敷いた天板に並べてオーブンで焼く

－ シナモンクッキー －

[材料]
無塩バター……………………………………………………100g
砂糖　……………………………………………………　80g
卵黄　……………………………………………………　1個
大麦粉　…………………………………………………150g
シナモンパウダー　……………………………………　10g
卵白　……………………………………………………　1個

[作り方]
①室温に戻したバターをボールに入れクリーム状にすり混ぜる
②砂糖を加え混ぜる
③卵黄を加えて混ぜる
④大麦粉とシナモンパウダーをあわせてふるいにかけた粉を加え一塊に
　してしばらく休ませる
⑤麺棒で生地を3〜4cmの厚さに伸ばして直径5cmの菊型で抜く
　表面に卵白を塗ってオーブンで焼く　　170℃　20分

－ クレープクッキー －

[材料]
黒糖 ………………… 35g
グラニュー糖 ………… 35g
スライスアーモンド …… 35g
大麦粉 ……………… 30g
溶かしバター ………… 35g
水 …………………… 15cc

[作り方]
①黒糖の粒がないように袋に入れてつぶす
②ビニール袋に黒糖、グラニュー糖、大麦粉を入れ
　混ぜあわせてふるう
③ボールに②を入れスライスアーモンドを加える
④あら熱を取った溶かしバターを加える
⑤水を加えてよく混ぜる　生地を30分寝かせる
⑥天板にオーブンシートを敷き、生地を小さじ1個分程度の
　間隔をあけて乗せる（焼き始めると生地が広がるため）
⑦焼き上がったら冷めるまで触らない
　　　180℃　5〜8分

間隔をあけて生地をおく

オーブンの中で広がっていく

－プレーンクッキー－

[材料]
大麦粉 ………………………………………… 90g
バター ………………………………………… 60g
砂糖 …………………………………………… 30g
卵黄 …………………………………………… 1個分

[作り方]
①バターを室温に戻し、クリーム状にすり混ぜる
②砂糖を加え混ぜる
③ふるいにかけた大麦粉を加え混ぜる
　一塊にしてしばらく休ませる
④3cmの厚さに伸ばして好みの型で抜いてオーブンで焼く
　　　180℃　15分

※クッキーガンでいろいろな形に絞って焼くのもよい

－ アーモンドリングクッキー －

[材料]
無塩バター ……………………………………………………… 100g
砂糖 ……………………………………………………………… 50g
卵黄 ……………………………………………………………… 1個
大麦粉 …………………………………………………………… 120g
スライスアーモンド …………………………………………… 50g

◎飾り用
アーモンドアッシェ …………………………………………… 適量
卵黄 ……………………………………………………………… 1個

[作り方]
①室温に戻したバターをボールに入れ、クリーム状にすり混ぜる
②砂糖を加えて混ぜる
③卵黄を加えて混ぜあわせる
④ふるいにかけた大麦粉を加え混ぜ、細かく刻んだスライスアーモンドを加えて混ぜる
⑤一塊にして冷蔵庫でしばらく休ませる　1〜2時間
⑥麺棒で3〜4cm厚さに生地を伸ばし、直径5cmのリング型で抜く
⑦卵黄を少量の水で溶き表面に塗りアーモンドアッシェをつける
⑧オーブンで焼く　180℃　20分

－ ポルボロン －

[材料]
無塩バター ……………………………60g
粉糖 …………………………………20g
大麦粉 …………………………………60g
アーモンドパウダー ……………………30g
飾り用粉糖 …………………………… 適量

[作り方]
①室温に戻しやわらかくなったバターをクリーム状に練り粉糖を
　加えてなめらかに練りあわせる
②大麦粉とアーモンドパウダーをあわせてふるいにかけたものを①に加え
　一塊にし、直径2cmの棒状にする
③②の生地を20等分して丸める
　オーブンシートを敷いた天板に並べてオーブンで焼く
　　　170℃　15分
　焼き上がったら、しばらくそのままにして冷ます
　熱い間に触るとくずれる
　冷めたら粉糖をふる

※粉糖にココア、抹茶、シナモンを加えた粉末をふりかけて
　仕上げるのもよい

生地を丸めて並べる

抹茶とプレーン

－ ロールケーキ －

[材料]
卵黄 …………………………… 4個
砂糖 …………………………… 70g
卵白 …………………………… 3個
大麦粉 ………………………… 50g
バター ………………………… 30g

※ショコラクリーム
クーベルチュールホワイト …………… 45g
生クリーム ……………………… 150cc

[作り方]
①ショコラクリームを作る　チョコレートは刻み、沸騰した生クリームを加えて溶かす
②氷水に当てながら冷やし一晩寝かす
③生地を作るボールに卵黄と卵白を分けて入れる
④卵白を溶きほぐし砂糖50gを2～3回に分けて加えながらしっかり
　　としたメレンゲを作る
⑤卵黄に砂糖20gを加え白っぽくなるまですり混ぜる
⑥⑤に少量のメレンゲを加えて混ぜる　残りのメレンゲとあわせる
⑦ふるいにかけた大麦粉を⑥に加え混ぜる
⑧溶かしバターを加える
⑨オーブンシートを敷いた天板に生地を流し、表面を平にし、オーブンで焼く
　　　　170℃　15～20分　表面の焼き色を見ながら焼く
⑩生クリームに粉砂糖を加え泡立てる
⑪寝かしたショコラクリームを氷水に当て8分立てにする
⑫焼き上げたシートの生地を冷まし、⑪のクリームを全体に塗り、手前からくるりと
　　巻き、ラップに包む

－ シナモンシフォンケーキ －

[材料]18cmシフォン型1台分
卵白 ……………………… 6個
砂糖 ……………………… 130g
卵黄 ……………………… 5個
薄力粉 …………………… 110g
大麦粉 …………………… 40g
シナモンパウダー ……… 大さじ1
ベーキングパウダー …… 大さじ2
牛乳 ……………………… 130cc
オリーブオイル ………… 50cc

[作り方]
①薄力粉、大麦粉、シナモンパウダー、ベーキングパウダーをふるいあわせておく
②卵白と卵黄を別々のボールに割り入れる
③卵白を溶きほぐし砂糖を2〜3回に分けて、加えながらしっかりとしたメレンゲを作る
④卵黄に砂糖を加え、白っぽくなるまでミキシングする
⑤④にオリーブオイルを加えて混ぜる　牛乳を加える
⑥⑤にメレンゲを少量加えて混ぜる
⑦ふるいにかけた粉とメレンゲを交互に少量ずつ加えて混ぜる
⑧シフォンケーキ型に生地を流し入れる
⑨オーブンで焼成　190℃ 20分　170℃に下げて15分
　　焼く生地に竹串を刺して何もつかなければ焼成終了
⑩焼き上がったシフォン型を逆さにして一晩冷ます
　　周りからスパチュラではがし、中心部は竹串ではがす

－ マドレーヌ －

[材料]
無塩バター ……………………………………… 140g
砂糖 ……………………………………………… 140g
小麦粉 …………………………………………… 120g
大麦粉 …………………………………………… 40g
卵 ………………………………………………… 3個
ベーキングパウダー …………………………… 小さじ1.5
ラム酒 …………………………………………… 大さじ1
レモン汁 ………………………………………… 1/2個分

[作り方]
①小麦粉、大麦粉、ベーキングパウダーをふるいあわせる
②やわらかい無塩バターをボールに入れてクリーム状にすり混ぜる
③②に砂糖を加えふんわりなめらかになるように混ぜる
④卵を1個ずつ割り入れてなめらかになるようにすり混ぜる
⑤①の粉類を加えて混ぜる
⑥レモン汁、ラム酒を加える
⑦マドレーヌ型に敷紙をおき、生地を絞り、表面にスライスアーモンドを散らしオーブンで焼く
　　　170℃　15～20分

－ カステラ －

[材料]
卵 ……………… 400g（約6個分）
砂糖 …………………… 350g
蜂蜜、水飴 …………… 各50g
薄力粉 ………………… 160g
大麦粉 ………………… 40g
日本酒 ………………… 50cc

[準備する道具]
カステラ用木枠　27×23cm　2箱
紙（わら半紙、和紙、オーブンシートなど）

カステラ用木枠を使うことでゆっくり時間をかけて焼きます
手入れの方法はぬるま湯で洗いしっかり乾燥させることです

※ 木枠の準備

木枠の周りにわら半紙をあてがう

木枠より一回り大きく切った
新聞紙を天板におく

木枠の底の部分にわら半紙を
敷き底の木枠の内側に和紙を
敷き込む

[作り方]
①室温に戻した卵をボールに入れ泡立て器で溶きほぐす
②砂糖、蜂蜜、水飴を加えボールを少し温めて完全に溶かす
③ハンドミキサーで4～5分とろりとするくらい泡立てる
④薄力粉と大麦粉をふるいあわせる
⑤準備しておいた木枠に少し高い位置から生地を流しこみ200℃のオーブンで焼成する
⑥泡きりをする　1分程焼いたら霧吹きで濡らしたゴムベラで木枠のふち周りをほぐし、
　全体をほぐす　もう1分焼き、もう一度泡切りする
⑦生地の表面にきれいな焼き色がつくまで焼く　12～15分
⑧もう一つの木枠を重ね天板をかぶせて焼成する
　途中、かぶせた天板を開けて、木枠の中の温度が上がりすぎないように注意する
　温度が上がりすぎると表面が割れるので、空気抜きが必要
　生地の表面を手の平で少し押して弾力があれば焼き上がり
⑨木枠につけたわら半紙をはがし、オーブンシートにサラダ油を塗り、生地の表面に
　乗せてひっくり返す　残ったわら半紙もはがし、ケーキクーラーの上で冷ます

－ フルーツケーキ －

[材料]
小麦粉 …………………………………………… 100g
大麦粉 …………………………………………… 25g
アーモンドパウダー ……………………………… 25g
バター …………………………………………… 100g
黒糖 ……………………………………………… 100g
卵 ………………………………………………… 2個
レーズン ………………………………………… 250g
オレンジピール ………………………………… 80g
ラム酒
グランマニエ
カラメルパウダー………………………………… 大さじ1

〔準備〕
①レーズンを湯できれいに洗ってから、フライパンで焦げないように炒り水分をとばす
②冷めたら保存瓶に入れ、ラム酒でレーズンが浸るまで注ぎ入れる
③オレンジピールも同じように炒り水分をとばし、グランマニエが浸るまで入れる
④ラム酒又はグランマニエが保存容器中の材料の1cm程上まで浸るようにして1ヶ月
　程度は漬けておく(最低でも1週間位たってから使用する)

[作り方]
①バターをやわらかくし、クリーム状にして、ふるいにかけた黒糖を加えて混ぜる
②卵を1個ずつ加えてよく混ぜる
③カラメルを加える(カラメルはなくてもできる)
④小麦粉、大麦粉、アーモンドパウダーをあわせてふるいにかけた粉を1/3程度入れ
　その上にフルーツ類を混ぜ，残りの粉類を加え混ぜる
⑤型に生地を流し入れ、オーブンで焼く　　190℃
　上が少しこげてきたら温度を160～170℃に下げ、火が通るまで焼く

3 和菓子 －みたらし団子－

[材料]
絹ごし豆腐 ……………………………… 150g
白玉粉 ……………………………… 50g
大麦粉 ……………………………… 80g
(生地の硬さが耳たぶ程度になるように調整、
白玉粉または大麦粉を増減する)
たれ
醤油 ……………………………… 大さじ1
砂糖 ……………………………… 大さじ2
みりん ……………………………… 大さじ1
片栗粉 ……………………………… 小さじ1
水 ……………………………… 大さじ2

[作り方]
①絹ごし豆腐をボールに入れ細かくつぶす
②白玉粉を入れてなめらかになるまで混ぜあわせる
③大麦粉をふるい②の生地に混ぜる
　耳たぶ位の生地の硬さに調整する
④鍋でお湯を沸かし、丸く丸めたお団子を入れ、浮き上がってくるまで茹で、
　冷水にとる
　3個ずつ串に刺す
⑤焼き網で④の表面を焼き、焦げ目をつける
⑥たれを絡ませる

※たれの作り方
　醤油、砂糖、みりん、水とき片栗粉を鍋に入れ焦がさないように混ぜながら
　火を通す　透明になりとろみが出てくる

－ 水無月 －

[材料]18cm×18cmセルクル1台分
- 白玉粉 …… 30g
- 水 …… 270g
- 葛粉 …… 50g
- 上白糖 …… 220g
- 上新粉 …… 40g
- 小麦粉 …… 40g
- 大麦粉 …… 30g
- 蜜漬け大納言 …… 80g〜

[作り方]
① ボールに白玉粉を入れ分量の水の一部でよく溶かし、葛粉を加え残りの水を少しずつ加えて溶かす
② 上白糖、上新粉を加え、ふるいにかけた小麦粉、大麦粉を加え混ぜ、生地をこす
③ 四角のセルクルの内側にクッキングシートをあてがう
④ 蒸し器にクッキングシートを敷き、その上に③のセルクルをおく
⑤ 蒸し器の蒸気が上がったら④に生地の80%を流し入れ、30分蒸す
　生地全体に火が通ったら残りの生地を流し入れ蜜漬け大納言を散らし、さらに20分蒸す
⑥ 室温で冷まし、三角に切り分ける

18cm角セルクルに
クッキングシートをあてがう

生地を80％流し入れ蒸す

残りの生地を流し入れ、蜜漬け大納言を散らす

－ 黒糖まんじゅう －

［材料］
大麦粉	……………………………	100g
黒糖	……………………………	60g
熱湯	……………………………	40cc
重曹	……………………………	3g
あん	……………………………	200g

［作り方］
①あんを20gずつに丸める
②重曹を小さじ1の水で溶く
③ボールに黒糖を入れ、熱湯を加え黒糖を溶かし、冷ます
④②の溶かした重曹を③に加える
⑤さらにふるいにかけた大麦粉を加え、ゴムベラで混ぜあわせる
　　水分が行き渡ればラップに生地をあけ、ラップに挟んで練る
　　注：ラップに挟んで練ると手に生地がベタベタとくっつかなくて扱いやすい
⑥生地を直径3cmの棒状にし、10等分に切る
⑦丸める
⑧ラップに生地を挟んで直径7～8cmの大きさに麺棒で伸ばす
　　注：生地に割れ目ができやすいため、きれいな生地に伸ばすためラップを使用するとよい
⑨生地にあんを乗せ包んでいく
⑩蒸し器にクッキングシートを敷き　あんを包んだまんじゅうを乗せて霧を吹き
　　15分蒸す
　　蒸し上がったら団扇であおぎ冷ます

あんを20gずつに丸める

ゴムベラで混ぜる

ラップに包んで練る

直径3cmの棒状にし10等分する

それぞれ丸める

ラップに挟んで麺棒で丸くあんを包めるよう伸ばす

4 料理 －ピザ－

[材料]
※生地　18cmパイ皿3枚分
強力粉 ………………………………………… 250g
大麦粉 ………………………………………… 50g
イースト ……………………………………… 6g
砂糖 …………………………………………… 25g
塩 ……………………………………………… 5g
バター ………………………………………… 35g
仕込み水 ……………………………………… 210cc

※マリナーラソース
ベーコン ……………………………………… 50g
たまねぎ ……………………………………… 中1個
トマト ………………………………………… 中1個
おばこ麦（煮たもの）………………………… 20g
キャロットトマトジュース ………………… 1缶
ブイヨンポーク……………………………… 大さじ1/2
トマトケチャップ …………………………… 大さじ3
砂糖 …………………………………………… 小さじ1
塩 ……………………………………………… 小さじ1/2

※フィリング
サラミソーセージ（薄くスライスしたもの）…………… 好みの量
マッシュルーム（　　　〃　　　）………………… 〃
ピーマン（輪切りにしたもの）…………………………… 〃
ピザチーズ …………………………………………… 300g

[作り方]
※ピザ生地
①小さな容器に30ccの水を入れ、イーストを少量ずつ加えて膨潤させる
②強力粉、大麦粉、砂糖、塩を混ぜあわせる
　①のイースト、仕込み水を加えながら生地を捏ねる
③やわらかくしたバターを加え、艶のある生地になるまで捏ねる
④薄くサラダオイルを塗ったボールに生地を入れて一次発酵させる
⑤一次発酵が済んだらキャンバスシートに生地をおき、少しガス抜きをし、5等分に分割
　丸めてベンチタイム20分
⑥ベンチタイムが終わったら麺棒で生地を放射状に伸ばしパイ皿に敷く
　生地の膨張を防ぐためフォークで穴をあけておく

※ピザソース
①小さな鍋でお湯を沸騰させ洗ったトマトを20～30秒入れて冷水にとる
　トマトの皮を剥いて半分に切りトマトの種を取り1cmの大きさに刻む
②たまねぎをみじん切りにする
③ベーコンをみじん切りにする
④フライパンにオリーブオイルを少量入れ、ベーコン、たまねぎを入れてたまねぎが透き
　通るまで炒める
⑤トマトを加え少し炒めおばこ麦、キャロット、トマトジュース、トマトケチャップ、ブイヨン、
　砂糖、塩、こしょうで味を調え、ほぼ水分がなくなるまで煮詰める

※仕上げ
①パイ皿に広げた生地の上に
　ピザソースを塗る　マッシュルーム、エリンギ、サラミソーセージ、ピーマン、ピザ用
　のチーズをのせてオーブンで焼く　200℃　15分　焼き加減を見ながら焼く
　（端がきつね色になる程度）

注　出来たピザをラップに包み、ジップロックに入れ冷凍できる
　　焼くときは室温に戻し焼く

－ 豚まん －

[材料]
※生地
強力粉 ……………………………… 100g
薄力粉 ……………………………… 380g
大麦粉 ……………………………… 120g
砂糖 ………………………………… 50g
イースト …………………………… 12g
イースト用水 ……………………… 30cc
大麦用水 …………………………… 120cc
牛乳 ………………………………… 150cc
水 …………………………………… 120g
ベーキングパウダー ……………… 6g
バター ……………………………… 15g

※フィリング
豚肉（バラ固まり）……………… 200g　　1cm角の大きさに切る
椎茸 ………………………………… 2～3枚　水で戻しておく
たまねぎ …………………………… 200g　　1cmの大きさに切る
たけのこ …………………………… 50g　　　〃
生姜 ………………………………… 適量
おばこ麦（煮たもの）…………… 大さじ2

※調味料
醤油 ………………………………… 大さじ2.5　　みりん …………… 大さじ1
砂糖 ………………………………… 大さじ2　　　塩、こしょう ………… 少々
片栗粉 ……………………………… 大さじ1　　　椎茸の戻し汁、大さじ2で溶く
オイスターソース ………………… 大さじ1

[作り方]
※フィリングを作る
①調味料をあわせる
②材料を順に炒める　あわせた調味料を加え椎茸の戻し汁で溶いた片栗粉を
　加えて少し煮る　バットに広げさまし15等分する

※生地を作る
①大麦粉に水を加えて練る
②小さな容器にイーストと30ccの水を入れ膨潤させる
③強力粉、薄力粉、砂糖、ベーキングパウダーを入れて軽く混ぜあわせる
　　②のイーストを加えて混ぜる
　　牛乳と水をあわせたものを加えよく練りなめらかな生地を作る　①を加え練る
　　バターを加えて練る
　　ボールに入れて一次発酵
④15個分割　ベンチタイム10～15分
⑤冷ましておいたフィリングを生地で包む
　　仕上げ発酵　20分
⑥蒸気の上がった蒸し器にクッキングシートを敷き包んだ豚まんに霧を吹き
　　中火で13分蒸す　蒸し上がったら団扇であおぎ冷ます

－ 春 餅 －

[材料]16枚分
※生地
強力粉 …………………………… 100g
大麦粉 …………………………… 100g
塩 ………………………………… 小さじ1/3
熱湯 ……………………………… 250cc
ごま油 …………………………… 適量

※タレ
テンメンジャン
　ごま油 ………………………… 大さじ1　　　ニンニク(みじん切り) …… 小さじ1
　豆板醤 ………………………… 小さじ1/2　　赤みそ …………………………… 60g
　ケチャップ …………………… 大さじ1　　　醤油、酒 ………………… 各大さじ2
　砂糖 …………………………… 大さじ3〜4

[作り方]
※生地
①強力粉と大麦粉、塩をあわせてふるう
②ボールにふるいにかけた粉類を入れ、熱湯を少しずつ加えながら
　よく混ぜる　　注：生地が熱いので注意
③一塊になったら直径3cmの棒状にする
　しばらく休ませる　　　　　　　　　　　　　　　　直径3cmの棒状
④16等分に切り、直径5cmの丸い形にする
⑤1枚の表面にごま油を刷毛で塗りもう1枚を重ねる
⑥ラップに挟んで麺棒で15cmの大きさに広げる
⑦フライパンに薄くサラダ油を敷き、⑥を焼く　裏返し焼く
　火が通ってくると、1枚ずつはがれる
⑧好みの野菜を千切りにしタレをつけて、くるりと巻いて食べる
　キュウリ、大根、セロリ、貝割れ、人参、しらがネギ、焼豚、ハム、蒸し鶏など

※テンメンジャン
①ごま油でニンニクを炒め、残りの調味料を加えて弱火で煮る

16等分に切り丸める　　表面にごま油を塗り重ねる　　焼き上がり

－ おやき －

[材料]10cmセルクル10個分

強力粉	250g
大麦粉	50g
砂糖	10g
塩	5g
イースト	6g
イースト用水	30cc
大麦用水	50cc
仕込み水	160cc
バター	15g
粒あん	450g
お茶の葉	適量

[作り方]
① あんを10個分に丸める
② 大麦粉に水を加え練る
③ 小さな容器に30ccの水を入れ、イーストを少量ずつ加え膨潤させる
④ 強力粉、砂糖、塩をあわせて混ぜ、③のイーストを加え、ついで仕込み水を加えなめらかな生地になるまで捏ねる
　バターを加える
⑤ 生地が艶よくなるまで捏ねる
⑥ ボールに薄くサラダオイルを塗り、⑤の生地を入れ、ラップをかけて一次発酵
　その後キャンバスシートに生地を乗せ10個分割し、丸めベンチタイム10分
⑦ オーブンシートを天板に敷き、薄くサラダ油を塗ったセルクルをおき、生地を入れ、仕上げ発酵させる　仕上げ発酵が終わったらお茶の葉を散らしオーブンシートをかぶせ、もう1枚の天板をかぶせてオーブンで焼く　190℃　20分

セルクルに生地を入れて発酵

お茶の葉をおく

オーブンシートをかぶせる

－ 野菜ポタージュ －

[材料]

じゃがいも …………………………… 2個
たまねぎ ……………………………… 1個
人参 …………………………………… 1本
セロリ ………………………………… 1本
カボチャ ……………………………… 100g
大麦粉 ………………………………… 30g
オリーブオイル ……………………… 適量
牛乳 …………………………………… 200cc
コンソメ ……………………………… 1個
塩、こしょう ………………………… 適量

[作り方]
① じゃがいもは1cmのいちょう切り、たまねぎは薄切り、人参は5mm幅の半月切り、セロリはピーラーで薄く筋を取り小口切り、カボチャもピーラーで薄く皮を取り、角切りにする
② 鍋にオリーブオイルを入れ、たまねぎを少し炒める
　残りの野菜と大麦粉を混ぜあわせて蒸らし炒める
③ ②に水をひたひたに加え、コンソメを入れ、やわらかくなるまで煮る
　冷まして、ミキサーにかける(さらにこすとよりなめらかになる)
　水で濃度を調節し、牛乳を加え火にかけ、塩、こしょうで味を調える

－ ロールキャベツ －

[材料]

鶏ひき肉	100g
豚ひき肉	100g
塩	小さじ1/2
生姜(すりおろし)	適量
たまねぎ(みじん切り)	1/4個
おばこ麦(煮たもの)	30g
卵	1個
水	500cc
コンソメ顆粒	大さじ1
酒	50cc
薄口醤油	大さじ1
砂糖	小さじ1
塩、こしょう	少々
キャベツ	適量破らないように、はがして茹でる

[作り方]
①ボールに鶏ひき肉、豚ひき肉、塩、生姜のすりおろしを入れて練り混ぜる
　みじん切りたまねぎ、おばこ麦、卵を加えて粘りが出るまで練りあわせる
②茹でたキャベツの茎をそぎ落として大きな葉に①を適量のせ俵型に巻き込み
　ロールキャベツを作る
③そぎ落としたキャベツの茎は小さく刻み、残った①に加えて混ぜる
④水に調味料を加えて沸かし、②と③を入れ中火で20分ぐらい煮込み
　塩、こしょうで味を調える

－ ミネストローネ －

[材料]

ベーコン	2枚
じゃがいも	中1個
たまねぎ	1/2個
セロリ	1本
人参	1/2本
おばこ麦(煮たもの)	30g
ミックスビーンズ	1缶
トマトジュース	1缶
コンソメ顆粒	大さじ1
塩、こしょう	適量
トマトケチャップ	〃

[作り方]
① じゃがいも、人参、たまねぎは1.5cm角、ベーコンは1cm幅に切る
② セロリはピーラーで皮を剥き小口切りにする
③ 鍋でオリーブオイルを熱し、たまねぎ、じゃがいも、人参、セロリを炒め、ベーコンも加えて炒める
④ 水を加え、コンソメ顆粒、おばこ麦、ミックスビーンズを入れて少し煮る
⑤ トマトジュースを加えて煮る
⑥ 塩、こしょう、ケチャップで味を調える

－ ハンバーグ －

[材料]
合い挽き肉 …………………………………400g
塩　　………………………………　小さじ2/3
こしょう、ナツメッグ ……………………　適量
たまねぎ ……………………………… 1/2個
おばこ麦（煮たもの）…………………… 30g
卵　　……………………………………… 1個
サラダ油 ……………………………… 適量

[作り方]
①フライパンに少量のサラダ油を入れ、みじん切りたまねぎを炒める　冷ましておく
②ひき肉に塩、こしょう、ナツメッグ、卵を入れて粘りが出るまで混ぜて、おばこ麦、①のたまねぎを加えて混ぜる
③濡らした手で円形にまとめて、サラダ油を敷いたフライパンで両面に焼き色をつけ、弱火にして中まで火をとおす
④ハンバーグを焼いた後のフライパンに、ケチャップ、ソースを入れ煮つめる
⑤皿にハンバーグを盛り、ソースをかけ、野菜を添える

大麦粉の効用　I

—祖母の便通が劇的に改善—

神戸市西区　　ピアニスト　服部　洸太郎

　私たちが大麦を生活の中に取り入れて1～2年ほどになります。高齢になると、便通の問題が多々発生し、特に祖母の場合は度重なる胃や腸の手術で毎日大量の便秘薬を飲まないと排便が非常に困難な状況でした。自力での排便が困難なときは病院で排便の補助をしていただいたこともあります。歳をとるごとにやはり便秘薬の量は増えていき、この先さらなる後期高齢期に差し掛かることを不安に思っていました。そんな時、食物繊維が豊富で、特に便通の改善に期待が持てるという大麦と出会いました。

　三木市の「こなや」さんから、大麦粉と、おばこ麦（丸麦）をそれぞれまとめ買いし、一度試食してとても美味しかった「大麦粉を使ったお好み焼き」を早速祖母に食べてもらいました。

　勿論その日もいつも通り便秘薬を飲みましたが、翌朝、流れるように出たとのこと。もしやと思い、前日と同様に大麦粉を使ったお好み焼きを食べてもらい、「今日は試しに便秘薬をやめてみない？」と提案したところ、「今朝、下痢気味だったからやめてみる」というのでこの日は飲まずに就寝。翌朝、以前まで飲んでいた便秘薬を飲んでいるときと同様のトラブルのない便通になったとのことでした。私が最も驚いたのは、便通の改善効果を実感するまでの時間。様々な健康効果が期待できると言われている大麦ですが、とりわけ便通の改善に至ってはかなりの即効性があると実感しました。さらに翌日に、大麦以外の炭水化物のみで食事をしても、大麦の効果が持続し便秘のトラブルにはならないことから、大麦の持つ食物繊維がもたらす力は疑いようがありません。

　また当初心配だったのが、高齢のため咀嚼力が著しく低下した祖父母の食事におばこ麦を使うことでした。硬くて食べられないのではないか？という不安は「こなや」さんから購入時に教えてもらった給水方法（給水量の増量添加法）で見事に解消されました。

　私自身の便通の安定を実感したことはいうまでもありません。その他祖父母を介護していく中で感じたことは、何より、「元気になった」こと、「食欲が増えた」こと。便秘を改善するために飲んでいた三種類の薬がなくなったことにより、認知機能に関わる薬を数種類飲むだけでよく、本人も混乱することなく過ごすことができています。

　祖母にとっても、家族にとっても最大の悩みであった「便通の問題」が「大麦を食べるだけ」で見事に改善され私たち家族の生活に大きな喜びと前向きな変化をもたらしてくれました。

大麦粉の効用　Ⅱ

―狭心症、痛風以外に二日酔いも解消―

三木市　　こなや　垂井　健一

　多少我田引水にはなりますが、私の実体験をお話いたします。こなやが大麦粉などの販売を開始したのは2012年11月。同時におばこ麦、丸麦も日常の食生活で積極的に玄米大麦ご飯として食べるようにいたしました。私は20年以上も前から狭心症と痛風の持病で毎日薬を飲む生活が続いていました。それが大麦を食べるようになって半年ほど経った頃、酒を飲んだ翌日に以前からあった二日酔いの症状がまったく現れなくなったのに気づきました。そして「体調がとてもいい」ことにも気づきます。普通は「体調が悪い」ということには気づきますが、私は逆にはっきりと自覚できるほどに「よくなった」ので家内に「あまりに体調がいいので薬を半分やめてみるわ」と言ったのを覚えています。それから半年経っても持病が発病しないので2014年の正月に薬を全部やめてしまいました。流石にこれは不安でした。なにしろ痛風は薬を2～3日飛ばしただけですぐに足の親指が腫れあがってきましたし、狭心症の発作は明け方よく起きてきます。しかし、この不安をよそにそれからは半月たち、一か月経っても何事も起きません。

　現在は2017年9月ですが、もう約3年半も薬不要の生活が続いています。ちなみに痛風が起きると言われている尿酸値のボーダーラインは7ですが、私の現在の数字は8.4もあります。しかし何も症状が起きていません。食事制限は何も行わず、食生活を玄米、大麦食にしただけです。私にはこの理由はわかりません。そんなわけで同じような病気でお困りの皆さんには大麦ご飯をお勧めしています。また体があまり丈夫でない家内も私と同じ食生活を続けていて、ここ何年も病気にかかっていません。私たち夫婦は今年で満70歳になりますが大麦と出会えて今とても幸せを感じています。ご紹介くださったNPO食救研の先生方にはほんとうに感謝いたしております。

大麦粉の効用　Ⅲ

―ルント大学で公表―

　スウェーデンのルント大学の Anne Nilsson 先生は大麦粉を小麦粉に混ぜ製パンすると機能性が改善されることを 2016 年 2 月 8 日付で公表しました。特に大麦添加のパンは血糖上昇のレベルを抑え、糖尿病のリスクを改善すると報告しています。このシークレットは大麦粉に存在する食物繊維が人々の食欲を抑え、循環器疾患のリスクを減少させるのだそうです。

ドラフト大麦粉・おばこ麦のお求めはこちらへ

ご家庭用は【こなや】まで

〒673-0551　兵庫県三木市志染町西自由が丘1-118
営業時間：9：00～17：00　　（地方発送承ります）
TEL＆FAX：0794-85-7478
携帯：090-8889-8417　　代表：垂井　健一
Mail：pasoken3@hotmail.com
ホームページ：http://www3.hp-ez.com/hp/konaya3/page1

関連NPOホームページ情報　「食救研」

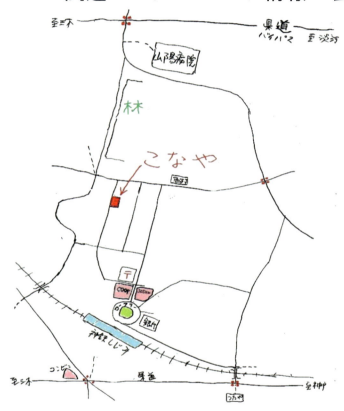

業務用のご相談はイトメン株式会社まで

〒679-4003　兵庫県たつの市揖西町小神841
TEL：0791-63-1361（代）　FAX：0791-63-1367
Mail：info@itomen.com
ホームページ：http://www.itomen.com/

執筆者一覧

特定非営利活動法人　食べられることで救える食べもの研究会（ＮＰＯ食救研）
NPO for Food Research Workshop

　合田 清、梶原 苗美、光永 俊郎、森田 尚文、安藤 ひとみ、小西 一彦、垂井 健一、
　垂井 明子、立田 英雄、田中 昭子、長浜 民子、桜井 三千、井筒 真弓、和田 正卓
　Kiyoshi Goda, Naemi Kajiwara, Toshio Mitsunaga, Naofumi Morita, Hitomi Ando,
　Kazuhiko Konishi, Akiko Tarui, Kenichi Tarui, Hideo Tatsuta, Akiko Tanaka,
　Tamiko Nagahama, Michi Sakurai, Mayumi Izutsu and Masataka Wada

特定非営利活動法人　麦類特許性実用化研究会（NPO麦特研）
NPO for Patentability-based Practical Application of Wheat & Barley

　伊藤 充弘、植田 弘、三宅 成幸、光永 俊郎、合田 清、渡邉 純一、坂本 秀人、団野 源一、
　廣瀬 秀樹、森田 尚文
　Mituhiro Ito, Hiroshi Ueda, Shigeyuki Miyake, Toshio Mitsunaga, Kiyoshi Goda,
　Junichi Watanabe, Hideto Sakamoto, Genichi Danno, Hideki Hirose and Naofumi Morita

おわりに

　私達は、わが国においても小麦アレルギーが次第に問題視されてきていることを踏まえて、NPO 麦類特許性実用化研究会を母体として、NPO「食べられることで救える食べもの研究会」が中心となり、大麦粉（ドラフト粉）を使用した活動を大麦粉レシピ本としてまとめることができました。

　NPO 食救研を立ち上げてから早や 15 年を迎えようとしています。発足の当時は糖尿病、高コレステロール、メタボリックシンドロームなどの生活習慣病はそんなにも深刻ではありませんでした。昨今では人口の約 2 人に 1 人が何らかのアレルギー疾患に罹患していると言われ（出典：リウマチ・アレルギー対策委員会報告書（2011）、そのうち食物アレルギーは乳児で 5 ～ 10%、学童期では 1 ～ 2% と報告されています（出典：アレルギー疾患診断治療ガイドライン 2010）。

　本書で使用したアレルゲンを含まない大麦粉は大麦穀粒の表層から段階的に削って調製した製品です。水溶性の食物繊維を豊富に含むと共に、β-グルカンにより腸内環境や便秘の改善、更に大腸がんの抑制、免疫力の増強に役立つとされます。

　このような大麦粉のもとに集まった同好者を中心にして刊行される本書が読者の皆様の健康維持、増進に末永く使用されることを祈念するものです。

　なお本書が発刊できたのは田中昭子氏を始め安藤ひとみ氏、合田清氏、立田英雄氏、光永俊郎氏、渡邉純一氏のお陰でありここに感謝します。本誌に使用したパン関連の写真はスタジオウーノ 小薮紗耶子氏のご厚意の下に撮影されたもので深謝します。日本パン学会理事の植田哲夫氏には多大なご助言をいただきここに深謝します。また本書の作成に当たり多大なご芳志をいただいた植田製油株式会社、イトメン株式会社、三宅製粉株式会社、アイキューファームズ株式会社、株式会社ダイヤ、こなやに感謝を申し上げます。

森田尚文　記

近年、生活意識の向上から、通常食する食品素材にも注意が払われるようになってきました。特に、各種食品への応用性、利用性の高い小麦粉は、消費量も主食に近い地位を占めつつあります。しかし、世界中で最も重要な穀物である小麦が、我が国においても牛乳、卵とともに大きな注意を払わなければならないというアレルギー問題に関わる食材になってきています。今回私たちのNPOが中心になって開発した大麦粉を使用して、パン、ケーキ、クッキーそれに野菜ポタージュスープやピザ等を提案しています。使用した大麦粉中に含まれる食物繊維、β-グルカンを最大限に活用することで、免疫力増強、腸内環境、制癌性および便秘改善を期待して、より健康的な食生活をお送り願えれば幸いです。

大麦粉レシピ集
Recipes for Breads and Snacks using Barley Flour

2017年10月15日　　初版第1刷発行

著　者　　NPO法人食べられることで救える食べもの研究会（食救研）
　　　　　NPO法人麦類特許性実用化研究会（麦特研）
発行者　　関　谷　一　雄
発行所　　日中言語文化出版社
　　　　　（J-C Language and Culture Press）
　　　　　〒531-0074　大阪市北区本庄東2丁目12-6-301
　　　　　TEL　06（6485）2406
　　　　　FAX　06（6371）2303
印刷所　　有限会社　扶桑印刷社

©2017 by Hitomi Ando, Genichi Danno, Kiyoshi Goda, Hideki Hirose, Mituhiro Ito, Mayumi Izutsu, Naemi Kajiwara, Kazuhiko Konishi, Toshio Mitsunaga, Shigeyuki Miyake, Naofumi Morita, Tamiko Nagahama, Hideto Sakamoto, Michi Sakurai, Akiko Tanaka, Akiko Tarui, Kenichi Tarui, Hideo Tatsuta, Hiroshi Ueda, Masataka Wada, Junichi Watanabe, Printed in Japan
ISBN978-4-905013-11-2

こなやのご紹介

こなやは兵庫県三木市で大麦とその商品だけを扱う店舗として2012年11月に開業いたしました。この5年で徐々に大麦とこなやの知名度もあがり、売上も伸びてきています。しかしまだまだ毎日の食生活にしっかりご利用していただいているお客様は少数派。そこで大麦の効用に注目していただき、美味しさを実感していただきたく思い、あらためて商品と活動などをご紹介させていただきます。

■ **基本姿勢**
- 店頭対面量り売り（包装・運送・宣伝をしない）
- 近距離はハンドキャリーで配達
- やむを得なく遠方で配送希望には郵送（ゆうパック）で対応

■ **取扱商品**
- 丸麦（二条大麦を精麦したもの）
- 六条裸麦（玄麦）
- 大麦粉（大麦を粉にしたもの）
- 三木産無農薬丸麦・大麦粉・おばこ麦
- おばこ麦（大麦の芯部分30％程度に）
- 各種クッキー、ケーキ、煎餅
- 大麦お好み焼きのイベントでの出張販売
- 少量の精麦（お客様が栽培した大麦の精麦）

■ **今後の目標**（予定）
- 三木産無農薬大麦商品の製造販売
- 三木産大麦による地ビール製造販売
- 大麦を使った食事（お好み焼き・弁当など）の提供

■ **こなやの想い**

　こなやのお客様全員が日常的に大麦を食べ、生活習慣病の予防や改善がなされ、薬から解放され、明るく健康的な生活を送れることが願いです。もち麦がブームになっていますが、高額なもち麦よりも安価な丸麦や裸麦を玄米に混ぜて毎日食べることこそ日本人が本来食べていた「ごはん」なのです。誇大広告に惑わされることなくしっかりと健康維持をしていきましょう。そうすることで医療費が低減され、健康保険料などが確実に下がってきます。一度しかない人生、健康に楽しんでナンボです！！

食の未来を創造するアイキューファームズ株式会社

アイキューファームズ株式会社
http://www.iqfarms.com/
〒541-0048　大阪市中央区瓦町3丁目3番14
TEL：06-6233-7007　FAX：06-6233-7009